SCHULTZ & SCHIRM

GÜNTHER LAINER

Lebens-weisheiten

die keiner braucht

Mit freundlicher Unterstützung durch
die Stadt Linz und das BMKOES

▬ Bundesministerium
Kunst, Kultur,
öffentlicher Dienst und Sport

© SCHULTZ & SCHIRM
Spengergasse 37
1050 Wien – Österreich
office@schultzundschirm.com
www.schultzundschirm.com

1. Auflage April 2022
ISBN 978-3-9504970-1-4

Coverfoto: © **Alex List**
Cover, Gestaltung und Layout: **Gottfried Moritz**
Druck: **Donau Forum Druck**, Wien

Gedruckt auf ökologischem Papier, Munken Pure Rough,
nach der Richtlinie des Österreichischen Umweltzeichens.

Für
Agnes,
Maximilian
und
Eva

stott an voawoat

soi i da
ehrlich wos sogn

oba wiaklich
ehrlich

so ehrlich
woa i nu nia

ehrlich jetzt
oba gaunz wiaklich
ehrlich ehrlich

wer soi denn
den schaß lesn?

Vorwort

Wenn Binge-Watching bedeutet, dass man sich ganze Staffeln einer TV-Serie in einer Nacht ansieht, dann will ich empfehlen: Machen Sie bei Günther Lainer kein Binge-Reading! Auch wenn es verlockend ist, einem Gedicht gleich das nächste folgen zu lassen, das Buch in einem Guss zu verschlingen: Es wäre schade. Ich gebe jeder seiner Zeilen Platz, sich in mir zu entfalten. Und in manchen seiner Gedichte möchte man ohnehin ein Bad nehmen. So gebe ich dem Lesegenuss viele Tage Zeit und schenke mir Impulse, die lange anhalten.

Ganz zu schweigen von den Lebensweisheiten, die einem das künftige Leben weiter aber auch erträglicher machen, von „Wenn einer an dich glaubt, nenne ihn Gott!" bis zu „Benimm dich immer so, dass nie einer deiner Freunde auf die Idee kommt, du könntest ihm beim Übersiedeln helfen".

Der Günther *(ich darf ihn so nennen, denn ich habe schon von seinem Teller gegessen und das dürfen nur die Allerwenigsten)* schöpft aus über einem halben Jahrhundert Erfahrung, in dem er auf der Bühne *(als Kabarettist)*, vor der Kamera *(als Schauspieler)*, vor unseren Kindern *(als Religionslehrer)* und auf der Straße gestanden hat *(als Jongleur)*. Und ist er nicht im Großraum Linz unterwegs *(dazu gehört in seinem Fall auch Wien)*, dann brütet er auf einer griechischen Insel über seinen Texten.

Diese Ausgangslage, dieser Mix hat sicher wesentlichen Anteil an der Vielfalt, die einem in diesem Buch geboten wird.

In diesem Sinn: Geben Sie sich dem Buch hin, geben Sie sich dem Günther hin. Dann können Sie, an einem seiner Mundart-Gedichte angelehnt, abschließend mit ihm mitfühlen: **„I rea um nix nochi, oba a bissl load is ma scho."**

NORBERT PETER

Inhaltsverzeichnis

Leben

waunn i
gwusst hätt
dass bis zu mein tod
eh ois passt

hätt i ma
in mein lebn
weniga sorgn
gmocht

*

des geheimnis
vom lebn

entweda
du lebst
in tog eini
oda
du orbeitst
fia d'pension

suach da's aus!

*

insgesaumt
is des lebn
eh klass

oba
im detail
is a schaß

*

klebstoff haßt
UHU

klebestrafn haßt
TIXO

putzmittl haßt
CIF

owoschfetzn haßt
WETTEX

oba wos haßt
LEBEN?

*

an
maunchn togn
kau
des lebn
richtig
tepat sei

i glaub
heit
stirb i
nu

*

bis i
kapiat hob
wia des lebn
funktioniat

bin i
wahrscheinlich
scho gstorbn

*

des essn
is wia
des lebn

oft denk
i ma
amoi nu

oba daunn
her i
auf

gestan

um sechsi am obend
bin i ins gscheft gaunga
und hob ma
a sechsertragal bia
und a packl chips kauft

daunn
hob i ma
a bia
und die chips
aufgmocht

daunn
hob i ma
a fuaßboispü
augschaut

so sche
kaunn's
lebn sei

Leben　　　　　　　　　　　15

*

des letzte moi
is schena

ois wia
des erste moi

wei des letzte moi
host öfters

des erste moi
nua amoi

*

loss mas
amoi so sogn

es is
ned vü
wos is

oiso
es is wos
und des
ned zweng

oba
ned sovü
dass ma se
denga miassat
is des ois
wos is

eben
genau richtig
des
wos is

*

glück

i hob dreimoi
in mein lebn
a glick ghobt

i bin genau
an mein geburtstog
auf d'wöt kumma

daunn nu amoi
wia i beim schnopsn
gwunna hob

und des dritte moi
wia i mei frau
kennglernt hob

*

sterbn und lebn

wia mechst
am liabstn
sterbn

afoch eischlofn
und
kane umstend mochn

wia wüst
am liabstn
lebn

afoch schlofn
und
kane umstend mochn

Leben   17

*

waunn ma
si voastöt
dass
mia steam

is eigentlich
a wauhnsinn
wia
mia lebn

*

danke
leben!
einfach
so!

Wer einen grünen Vorhang im Wohnzimmer hängen hat,
hat die Kontrolle über sein Leben verloren.

Die Niederlage ist der größte Gewinn im Leben!

Eigentlich ist mein Leben so, wie es verläuft.

Der Moment hat die intensivste Aufmerksamkeit im Leben.

Wer sein Leben nicht mag, sollte es ändern!

Der Weg zur Hölle kann nur über das Leben führen.

Wer Spaß hat, kann das Leben genießen.

Wenn dich das Leben berührt: Weine oder lache!

Im Leben passiert oft das, womit man nicht rechnet.
Das ist höhere Mathematik!

Die Phase deines Lebens, in der du gerade stehst,
ist im Nachhinein die schönste Phase.

Es gibt ein Leben nach der Geburt!

Grantig sein, ist lebenserhaltend!

Was täten wir im Leben ohne Leben?

Die Schwierigkeit, das Leben zu meistern, scheitert am Leben an sich!

Wer mit dem Herzen denkt und mit dem Hirn fühlt,
hat es schwer im Leben.

Wer zu leiden weiß, der weiß, was zu leben heißt!

Das Höchste ist es, das Leben so zu genießen, dass man zufrieden ist.

Das große Geheimrezept für das Leben: Kindisch bleiben, erwachsen tun!

Wenn das Leben mitspielt, ist das Leben eine große Freude!

Entschließe dich für das Leben, sonst ist es gegen dich!

Träume sind da, um das Leben zu begreifen.

Die Auseinandersetzung mit dem Leben setzt voraus, dass man lebt!

Das Leben kann man sich im Großen und Ganzen einteilen.

Wer zu viel denkt, hat es schwer im Leben.

Die größte Lüge im Leben ist das Leben selbst!

Wenn dir immer jemand das Leben rettet, wirst du niemals sterben.

Das Geheimnis des Lebens ist ein Geheimnis!

Das Leben ist reine Interpretationssache!

Wenn das Leben zu viel Spaß macht,
dann sollte man unbedingt weiter tun!

Beispiele sind dazu da, um die Praxis des Lebens zu konkretisieren,
bleiben aber trotzdem immer theoretisch.

Das Leben ist ein Spiel. Es dauert so lange, bis es aus ist!

Alle Erlebnisse, die wir in unserem Leben hatten, haben wir selbst erlebt!

Egal, was man im Leben macht. Es gehört getan!

Lass dir ganz genau erklären, was es mit der Relativitätstheorie
auf sich hat. Es wird dir im Leben viel weiterhelfen.

Das Leben ist nicht leicht, aber schwer auch nicht!

Lebe so, wie du es am besten kannst!

Übers Alter zu reden ist eine Alterserscheinung.

Ab einem gewissen Alter ist jeder Tag ein Geburtstag.

Das Alter erkennt man im Spiegelbild!

Wenn du dir das Neujahrskonzert anhörst,
hast du ein gewisses Alter erreicht!

Das Beste, was man im neuen Jahr machen kann: Nicht sterben!

Hast du heute etwas vor oder lebst du nur dein Leben?

Je älter man wird, desto älter werden auch die anderen.

Die heutige Jugend ist nicht schlechter oder besser
als die Jugend von früher.

Als Jugendlicher hat man die Leichtigkeit.
Als Erwachsener musst du sie wieder lernen oder finden.

Schreib ein Buch über Geschichten, die du erlebt hast,
und du wirst merken, dass du alt bist!

Ich hatte nie ein Problem mit dem Alter. Ich bin froh, dass ich es erlebe.

Das Gute beim Altwerden ist, dass die Jungen auch älter werden!

Das Leben ist keine Exceltabelle!

Das Wichtigste im Leben ist das Ein- und Ausatmen.

Die Hoffnung und die Neugierde lassen uns jeden Tag aufstehen.

Ich bin alt und brauche das Geld!

Freunde – Freundschaft

gestan
hot ma a mau dazöht

dass er sei frau
valossn wird

hob i eam gsogt
daunn nimm's i

des hot'n
richtig gwuamt

oba
es hot gwiakt

sie san
wieda zaumm

*

jeda mensch
hot die freind
die er si
vadient

i hob
kane freind
wahrscheinlich
bin i
ka mensch

*

waunn
er wos hot
bin i do
fia eam

waunn
sei frau wos hot
bin i a do
fia eam

*

gaunz schwierig
wird's
heit wieda

und
wia woa's
supa woa's

oba so is er
er sogt so
daunn is so

auf eam
kaunnst di
valossn

waunn er wos sogt
is sicha
imma des gegenteil

*

der hot
a sexstörung
a essensstörung
und
an poscha
sowieso

*

vorgestan
hob i an troffn
der is ma
gestan den gaunzn tog
im kopf
umanaundgaunga

heit
hob i a an troffn
oba i bin ma sicha
dass ma der
ned im kopf
umanaundgeh wird

wieso

wei
da aundare
nu drin is

*

wiakliche freindschoft

i sog
da vorher
waunn i stirb

es warat
weng da
grobrede

jo sog amoi
wia schaust denn du aus
du schaust goa ned guat aus
wos is denn los mit dia

mia geht's ned guat
mei frau hot ma heit nochmittog gsogt
dass sie si
von mia scheidn losst

na org
des gibt's do ned
des is jo a wahnsinn
ihr seids do scho so laung zaumm

na woa eh a schmee
sie hot mas heit voamittog gsogt

*

des schenste oder: gaunz ehrlich

i bin
mit an freind
zaumm gsessn
und hob
eam gsogt
des schenste
wos i
in mein lebn
gmocht hob
san
meine kinder
…
und deine

Gute und echte Freunde sind die Richtschnur im Leben.

Freunde muss man nicht haben, sondern fühlen!

Schön ist es, wenn man richtige Freunde hat.

Blöd ist es, wenn man falsche Freunde hat!

Ein guter Freund wird, je älter man wird, immer wichtiger.

Besserwisser sind keine guten Freunde!

Gekaufte Freunde sind besser als gar keine Freunde!

Kritik ist der ehrlichste Ausdruck einer Freundschaft.

Ein richtiger Freund sagt dir auch etwas, das dich schmerzt

Ein guter Gegner ist der beste Freund.

Benimm dich immer so, dass nie einer deiner Freunde auf die Idee kommt, du könntest ihm beim Übersiedeln helfen!

Sprich immer aus, was du dir über den anderen denkst.
So wirst du unbeliebt, hast aber dafür deine Ruhe!

Wenn dich jemand kritisiert, mag er dich auch meistens!

Wenn du dich selbst gernhast, dann kannst du andere auch gernhaben!

Menschen – d'Leit

maunche leit kinnan
nia aufhern
zum redn

maunche leit redn
imma nua
vom aufhern

da maulwurf
hot's sche
der is
den gaunzn tog
unta da erdn

da fisch
hot's sche
der is
den gaunzn tog
im wossa

da vogl
hot's sche
der is
den gaunzn tog
in da frischn luft

nua
da mensch
da trottl
sperrt si
in da wohnung ei

*

wos mia
auffoit
dass dia
ois zuafoit

wos mi
stört
dass di
nia wos stört

wos mi
augeht
dass dia
oiwei guat geht

wos mi
oba wiaklich nervt
is eh des

*

da ane
geht
do hi

da aundare
geht
duat hi

oba
die meistn

gengan
goa niagends
hi

*

i mog kane leit
die von si söbst
total überzeigt san

von da meinung
bin i total
überzeigt

*

es gibt leit
die mog i

und

es gibt leit
die mog i ned

oba

i glaub
umgekeat a

*

obwoi eam
ois wuascht is

gibt er
überroi

sein senf
dazua

*

wer
die gaunze zeit
mit si
söba redt
hot entweda
an morz drum poscha
oda
a freisprechaunlog

*

die leit
de wos
song

san leit
de wos
duat her san

wo's
leit gibt
de wos

de wos
song

*

es gibt zwa möglichkeitn
wia a mensch is:
entweda
er is gscheit
oda
er is bled
oda
er is gscheit bled

*

gscheidwaschl

heast
jetzt sog i da wos
waunnst du glaubst
du kaunnst ma
nu irgendwos neichs erzöhn
daunn host di
oba sche teischt
wei i waß ois
aussa des wos i ned waß
oba des intaressiert mi
eh ned

Dummheit ist nichts für gescheite Menschen.

Wenn ein Mensch den Nacktmull als sein Lieblingstier bezeichnet,
dann sei diesem Menschen gegenüber sehr vorsichtig!

Auch wenn du alle Sternbilder am Himmel kennst,
bist du trotzdem kein besserer Mensch!

Da Mensch ist mehr als ein „geimpft" oder „nicht geimpft".

Das Spiel zeigt den wahren Charakter des Menschen!

Je mehr Leute es gibt, desto weniger Menschen gibt es.

Die meisten Menschen sind nicht genial.

Da Mensch ist mehr als die Anzahl seiner Kilos!

Mache eine Erfindung, die dem Menschen nützt,
und er wird diese Erfindung so weiterentwickeln,
dass sie ihm auch schaden kann.

Die Menschen glauben oft an das, was füra sie unerreichbar ist.

Höflich muss man zu den Menschen sein,
zu denen man nicht ehrlich sein kann.

Es gibt gescheite Menschen, die irrsinnig blöd sein können.

Da Mensch ist DAS Problem!

Da Zweifel macht den Menschen nachdenklich und somit sympathisch.

Kleine Menschen fürchten große Menschen!

Wenn ein Mensch sich bessern will, dann sei ihm geraten:
Es gäbe leichtere Vorsätze!

Jeder Mensch ist dann ein Mensch, wenn er sich menschlich verhält.

Hass macht Menschen hässlich.

Lass andere Menschen so sein, wie sie sein wollen,
und du kannst auch so sein, wie du sein willst!

Der Überfluss ist es, der uns Menschen von den Tieren unterscheidet.

Moderne Menschen sind Mitläufer!

Rede schlecht über die Menschen, die du nicht magst!

Der einzige Mensch, den man beleidigen darf, ist man selbst.

Gute Menschen sind selten sehr spannend, dafür meistens sehr langweilig.

Traue keinem Menschen. Der Mensch kann sehr böse sein.

Ich kenne mich!

Wer Tee trinkt, ist auch kein besserer Mensch!

Jeder Mensch hat ein großes und wichtiges Geheimnis.
Genau weiß man es nicht, weil es geheim ist!

Ein Mensch mit Ausstrahlung ist manchmal ein Mensch
mit Körpergeruch.

Jeder Mensch ist seines eigenen Glückes Fleischhauer.

Die Nacht hat den Vorteil, dass man die Menschen
nicht so genau sehen kann.

Interessierte Menschen sind interessanter!

Sag immer die Wahrheit gegenüber deinen Mitmenschen
und die Einsamkeit wird dein ständiger Begleiter.

Lass die Menschen so sein, wie sie sind.
Dann wirst du bald merken, wie Menschen sind!

Wenn ein Mensch zu dir sagt: „Du bist schön!", glaub ihm das!

Wenn ein Mensch zu dir sagt: „Du bist schiach!",
sag einfach: „Selber schiach!"

Vertraue keinem Menschen, der dir einreden will,
dass Cordon bleu ohne Zahnstocher leicht zu panieren sind!

Jeder Mensch kann von ganz vorne wieder anfangen.
Das Baby muss von ganz vorne anfangen.

Kein Mensch wird zum Star geboren.
Menschen werden zum Star gemacht.

Misstrauen ist ein Zeichen guter Menschenkenntnis!

Je älter der Mensch wird, desto mehr redet er darüber,
wie es als junger Mensch einmal war.

Ich wünsche keinem Menschen nur Glück. Das verdirbt den Charakter.

Wie ein Mensch wird, hängt von der Entwicklung ab.

Menschen, die nichts tun, besitzen die große Fähigkeit,
andere Menschen tun zu lassen!

Sei zu allen Menschen gut – du wirst scheitern!

Ein intelligenter Mensch muss nicht immer ein sympathischer Mensch sein.

Die Menschen sollten menschlicher werden!

Ein Mensch, der immer nur gut drauf ist, hat etwas Bedrohliches.

Wer als Mensch ein gutes Beispiel geben will,
sollte lange Tiere beobachten.

Der Mensch an sich ist genial!

Perfekt kommen wir als Mensch auf die Welt,
verdorben durch die Welt sterben wir.

Je mehr man Mitmenschen verändern will, umso gleicher bleiben sie.

Es muss auch Menschen geben, die nichts tun, damit die Menschen,
die etwas tun, besser zur Geltung kommen.

Den einzigen Fehler, den wir haben, ist, dass wir keine Fehler haben.

Dummheit kann man ändern.
Man muss sich bemühen und bereit dazu sein!

Was ich nicht kann, das muss ich nicht tun!

Wenn du Glück hast, bekommst du nie eine Glückskatze geschenkt.

Wenn Glückskekse Glück bringen, ist das Glück sehr trocken.

Wer im Leben neugierig ist, interessiert sich für die Menschen.

Sei vorsichtig, welchen Menschen du vertraust. Denn der einzige Mensch, dem du wirklich vertrauen kannst, bist du selbst!

Frauen

mei frau
und i
san sehr unterschiedlich

waunn wia
wo hinfoan
und a hotel buchn

is wichtig
fia mei frau
dass an fitnessraum gibt

fia mi
is wichtig
dass a große minibar gibt

*

i kenn a frau
die mocht
keksal
im august

oba
die hot
an huscha

wuascht

oba
die keksal san guat

*

am sonntog
nochn frühstück

hot sei frau
zu eam gsogt

i mecht amoi
wos gaunz varuckts mochn

daunn is
aufgstaundn und ausi gaunga

und nia wieda
ham kumma

*

i zu meina frau:
   passt
   da pullowa

sie zu mia:
   wieso frogst
   du schaust
   do nia aufs gwaund

  i:
   normal ned
   oba heit
   schlepp i ane o

  sie:
   trottl

*

auf amoi
siagt er sie
kau nimma
weg schaun
muass imma
aunschaun
sie is
so sche
die TRAUMFRAU
ois stöt er si vor
mit ihr
er kriagt
a gaunz a komisches gfüh
eam wird woam
ums herz
und daunn
foit er um

herzinfarkt

gestan
hob i
a frau gseng
mit sübane stüfin
hob i sie gfrogt
foast zum mond
hot sie
zu mia gsogt
jo ... trottl

Wenn du am Heiligen Abend deiner Frau sagst,
dass du dich scheiden lassen willst, hast du kein gutes Gefühl für Timing.

Wenn dir deine Frau oder dein Mann nach drei Wochen Kur nicht abgeht,
bist du schon sehr lange verheiratet.

Alle Frauen und Männer sind untreu. Warum ich das weiß?
Aus Erzählungen.

Frauen sind so wie Männer. Aber wesentlich anders!

Männer

mauna diskussion
(oder: mauna diskutian beim hamgeh)

wos war waunn's ned so war
daunn warat's aundas

oba es is so wia's is
und deswegn is so

eben
daunn
kumm guat ham

gestan
hot mi
ana gfrogt
ob i
scho amoi
in ana pipscho
woa
hob i gsogt
na
gestan ned
oba morgn
geh i

*

warum – weil

warum schaust denn so
wei i zwa augn hob

warum herst du ois
wei i zwa ohrn hob

warum riachst du sovü
wei i zwa nosnlecha hob

warum sogst so weng
wei i nua an mund hob

da mau da wü
da mau da wü
da mau da wü

wos wü a denn da mau
wos wü a denn da mau
wos wü a denn da mau

da mau da wü
da mau da wü
da mau da wü

und des ned zweng!

gmotschgat
hot er
daunn hot
da motschgara
a tetschn kriagt
drauf frogt
da motschgara
warum kriag i
fias motschgan
a tetschn

sogt der
der eam
a tetschn gebn hot
tschuidigung
fia di tetschn

oba des is deswegn
wei i
wia i a kind woa
und gmotschgat hob
a a tetschn kriagt hob

des is
bei mia so a reflex
waunn wer motschgat
hau i eam a tetschn oba
tschuidigung

Ein Mann sollte gut aussehen, witzig sein, kochen können,
viel Geld verdienen, den Kindern ein guter Vater sein,
seiner Frau ein guter Liebhaber sein, zuvorkommend sein,
sympathisch sein und verständnisvoll sein – sonst nichts!

Wenn du Lust und Zeit hast, kannst du aus einem Mann
sehr viel herausholen!

Wenn ein Mann nur an Fußball denkt,
hat er eigentlich keine wirklichen Probleme.

Liebe

Liebe Liebe!

Schon lange begleitest du mein Leben.
Als kleines Kind hast du mich empfangen und
mich behütet, obwohl ich dich nie gefragt habe.
Trotzdem Danke.

Es dauerte eine Zeit, bis ich auf deinen
Geschmack gekommen bin.
Mit dem Lied von „La Boum"
hast du mich endgültig erobert.

Es war ein Fasching in der Hauptschule.
Ich tanzte mit einem Mädchen.
Sie war verliebt in mich.
Sie tanzte und tanzte und die anderen Mitschüler
aßen alle Faschingskrapfen auf.

Ab diesen Zeitpunkt wusste ich, liebe Liebe,
dass du nicht nur Vorteile hast.
Alle Krapfen waren weg
und sie machte mit mir Schluss,
weil ich ein schlechter Tänzer bin.

Mit achtzehn Jahren warst du wieder sehr
dominant.

Heute bin ich verheiratet!

DANKE!

*

die liebe
is die billigste form
die wöt
aus de aungeln zu hebn

leider ziagt's daunn
in da gaunzn hüttn

in die liebe
muasst einiwoxn
so wia
in neiche schuach
aum anfaung druckns
und waunns
endlich bequem san
schmeißt das weg

*

waunnst di valiebst
und du bist vaheirat
is bled

waunnst di valiebst
und du bist a pforra
is nu bleda

waunnst di valiebst
und der aundare valiebt si ned in di
is saubled

oba
waunnst di valiebst
is sche a

*

zu schön

es wäre so schön
dich zu küssen
deinen mund
ganz sanft
zu berühren

es wäre so schön
deine lippen
mit feinem balsam
zu umrahmen

dein mund
auf meinem mund

doch es scheitert
an einer kleinen
fieberblase

Die Liebe gibt es nur bedingt.

Zynismus ist eine besondere Form der Liebe.

Liebe kann auch zu zweit geschehen!

Wie intensiv die Liebe zweier Menschen ist,
sieht man am besten an ihren Augen.

Das Problem der Liebe ist die Realität.

Eifersucht ist auch ein Ausdruck von Liebe und Zuneigung.

Die Liebe zu verstehen, ist, wie den Tod zu erleben!

Das Liebesleben der Schlangen ist eine sehr verwickelte Angelegenheit!

Sachlich gesehen ist das Verliebtsein nur ein Hineinsteigern
in große romantische und erotische Gefühle.

Zärtlichkeit ist Schwerarbeit.

Treue ist ein Hirngespinst und ein Herzgespenst.

Sex ist eines der zweitwichtigsten Themen, die es gibt.

Jetzt in den Arm nehmen und nicht denken für wie lange. Jetzt!

Nimm mich in den Arm! Aber erdrück mich nicht!

Ob eine Partnerschaft funktioniert, hängt vom Kontostand ab.

Flirten ist eine Kunst, wie gutes Benehmen. Es soll nicht auffallen!

Vor dem Sex sieht die Welt anders aus als nach dem Sex.

Glück und Schmerz sind die intensivsten Gefühle,
die man haben kann. Abgesehen von Liebe und Wut!

Jeder Dritte hat schon einmal einen „Dreier" gemacht!

Ein Kuss oder eine Umarmung als Begrüßungsritual
kann mindestens so oberflächlich sein wie ein Händedruck.

Sie soll so sein, wie sie ist!

Die Versuchung ist da, um sie zu genießen.

Eine Umarmung ist die schönste Möglichkeit, Zuneigung zu zeigen.

Beziehung – Ehe – Hochzeit

liebesformel

waßt wos
des wichtigste is
in ana beziehung

da humor

waßt warum du
ka beziehung host
weist ned lustig bist

i tarat gern
kau oba ned

i muass oft
wü oba ned

i soit imma
trau mi oba ned

i derf maunchmoi
kau daunn oba ned

I wü oft
find daunn oba neamd

*

des gibt's
do ned
dass mia uns
heit seng
do
ausgerechnet do
in meina wohnung
na des gibt's ned
geh wia laung
is des aus
dass mia zwa
uns gseng haumm
sog nix
des is sicher scho
a ewigkeit
des is gaunz laung her
des muass sei
woat
waunn woa des
sog nix
des woa ...

günther
hot's di scho komplett
i bin dei frau

*

du bist mei frau
fias lebn

hoffentlich
leb i
nimma laung

*

die beziehung
mit dia
is so intensiv

jedn gedaunkn
den i denk
denkst du a

jeds gfüh
wos i füh
fühst du a

jede bewegung
die i moch
mochst du a

du verfoigst mi

i hob amoi
a freindin ghobt
die woa voi fad
woit nia wos toa
imma nua
schlofn und ausrostn

woits
wissn wia de
ghaßn hot

RUTH

*

ruth II

und
waunns amoi
gstorbn is
steht auf
ihrn grobsta

HIER RUTH

waunn ma hoit
wieda amoi
taratn

daunn hättat
mas gmocht

wei ghern
tuat si des
eigentlich scho

mia haumm's
eh scho so laung
nimma gmocht

und
es warat
wieda amoi zeit

sicha
jetzt moch mas

jetzt auf da stö

gemma
in d'kiachn

*

dass des gibt

jetzt hob i mi
in ane vaschaut

nia hätt i des glaubt
dass des gibt

die kenn i scho
so laung

über zwanzg johr
kenn i die

und daunn
passiert ma des

dass i mi
in die verlieb

i tarats
auf da stö heiratn

oba des geht
hoit ned

wei sie is
scho vaheirat

nämlich
mit mia

*

an gaunzn tog

in da stodt
umanaundgeh

einischaun
probian

ausigeh
ins nexte gscheft

einigeh
probian

wos kaufn
ins nexte gscheft

zwischnduach
auf an kaffee

daunn
weidageh

eini
ins gscheft
ausa

eini
ins gscheft
wos probian

eini
ins gscheft
ausa

wos is do
so sche

*

ohne mau
is a schaß

mit mau a

oba fia irgend
an schaß

muaßt di
entscheidn

*

beide haumm gwusst
so kau des
ned weidageh

beide haumm
oba ned gwusst
wia's weidageh kunnt

beide haumm
oba gwusst
dass weidageh soi

daunn
sans weidagaunga
und aukumma

*

i mog di
so wiast bist
oba
i hoff
du ändast di nu

Der Anspruch der Ehe ist unmenschlich!

Die besten Affären sind die, die man nie hatte.

Ein Ehevertrag ist vom Kopf verfasst, falls das Herz je die Liebe vergisst.

Man glaubt gar nicht, was für ein guter Ehemann
ein Liebhaber mit schlechtem Gewissen ist.

Im Laufe der Ehejahre macht man sich die schönsten Geschenke selbst!

In der Politik ist es wie in einer langen Ehe.
Am besten, man verspricht sehr viel, aber hört nicht alles.

Wenn du im Ehebett rechts liegst, lässt du deinen Partner
eine ganze Nacht links liegen!

Die einzige Beziehung, die wirklich wertvoll ist,
ist die, die du mit dir selbst führst.

Heirate nur dann, wenn du dir sicher bist!

Lass dich nur dann scheiden, wenn du dir sicher bist!

Richtig verheiratet ist man nie!

Treue ist Interpretationssache.

Verheiratet sein heißt vergleichen, um zu wissen, was man hat.

Beziehungsarbeit wird am Arbeitsamt nicht angeboten!

Man sollte jemanden nur heiraten, wenn er später
ein angenehmer und umgänglicher Ex ist.

Familie

i hob leit
zum furtgeh

i hob leit
zum saufn

i hob leit
zum bledln

i hob leit
fia halligalli

fias private
hob i a leit:

mei familie!

mei bua

maxi wü raufn
mit papa

maxi wü an legostoi baun
mit papa

maxi wü telefonian
mit papa

maxi wü radl foan
mit papa

maxi wü schlofn geh
mit mama

*

a schena familiensonntog

mei frau
is augfressn
wei i ned
spaziern geh wü

mei bua
is augfressn
wei sei maunnschoft
valoan hod

mei dirndl
is augfressn
wei's moagn ned
in d'schui geh wü

und i
bin augfressn
wei olle
augfressn san

*

mei tochta

dei lochn
sehr aunsteckend

dei hunga
sehr oft

dei schlofn
sehr ruhig

dei vota
vü weg

i muass
ned sche
sei

es reicht
waunn's
mei frau

und
meine kinder
san

Kinder sind meistens kindisch.

Über Kinder zu reden ist leichter als mit ihnen.

Wenn Kinder erwachsen werden, wollen sie selten kindisch sein.

Sei lieb zu deinen Kindern, solange sie von dir abhängig sind. Du wirst
staunen, wie schnell du von deinen Kindern abhängig sein wirst!

Je älter die Kinder werden, desto erwachsener werden sie!

Die Familie ist sehr zerbrechlich!

Jedes neugeborene Kind ist ein Weltwunder.

Wenn sich eine Mutter um die Gebärmutter oder den Mutterkuchen
der Tochter kümmert, passt etwas nicht oder sie ist Hebamme.

Wer Teenager verstehen will, ist meistens
eine Mutter oder manchmal ein Vater!

Der Muttertag ist ein Futtertag, den nicht nur die Mutter mag!

Vatertag ist ein fader Tag!

Stell dir vor, es ist Vatertag und keiner geht hin!

Aus dem Schatten seines Vaters zu springen, ist nicht einfach.

Egal, ob man aus einfachen oder aus prominenten Verhältnissen stammt.

Eltern sind immer älter als ihre Kinder!

Bei einem Gespräch auf Augenhöhe mit kleinen Kindern musst du dich runter bücken!

Natur

liebes gipfelkreuz

blick nicht
so hochnäsig
von oben herab
auf meine glatze

du weißt
dass ich dich
nie erreichen werde

und
vergiss eines nicht

es gibt
noch ein
höheres wesen
als dich

die natur
hot's
am schenstn

die is imma
draußn
im freien

*

is eh supa

oba maunchmoi
denk i ma:

najo so klass?

i man
fia die kinda
is supa

a fia maunche
erwochsane

oba mia
geht er extrem am oasch

da tepate schnee

Die Natur verlangt für ihr Schauspiel keinen Eintritt.

Das Meer wird überschätzt!

Auch Kamele haben einen Druck, schön sein zu müssen.

Manchmal findet auch ein blinder Esel eine Taube.

Alles regelt sich von alleine, außer die geregelte Kreuzung.

Der Garten Eden ist grundsätzlich für jeden da!

Der Hengst stellt sich dann in den Schatten,
wenn die Sonne sehr stark scheint.

Schwitzende Rösser faulen gern.

Was bringt dir das schönste Haus, wenn es neben der Autobahn steht!

Wenn du einen Regenbogen siehst, schau ihn dir lange an.
Wer weiß, wann der nächste kommt!

Ein Tag ohne Sonne ist eine Nacht!

Egal, in welchem Land du bist, es gibt immer etwas zu sehen!

Wenn du Schwammerl suchen gehst, schau trotzdem
auf die herausstehenden Wurzeln.

Die untergehende Sonne geht gerade woanders auf!

Ein Mond kommt selten zu zweit!

Ein egoistischer Kran ist ein Kran-ich.

Wenn du das Klima verändern willst,
dann musst du viel fliegen oder nicht fliegen.

Bewegung – Sport – Gesundheit

waßt wos i moch
waunn ma
mei mattn ned gfoit
i sog's dem friser
und er schneidt so laung
bis passt

waßt wos i moch
waunn ma
im wiazhaus des essn ned schmeckt
i sog's dem wirt
und er bringt ma a aundare portion
bis passt

und
jetzt waßt
warum i so fesch
und
warum i so dick bin

*

sie:
i moch ma sorgen
wegn deina gesundheit!

er:
kaunnst eh

*

warum i so dick bin

i bin
ois kind
waunn i
wos guat gmocht hob
imma mit essn
belohnt woan
so hob i
des glernt
dass i guat essn kau

speda wia i
groß woa
hob i mi
waunn i wos guat kinna hob
söba belohnt mit essn

essn hob i
imma guat kinna
hob i wos gessn
hob i mi
wieda belohnt
mit essn

ma kau sogn
die nahrungskettn
hob i
sötn unterbrochn

*

da toni hot's rauchn aufghert
hot eam sei orzt grodn

da toni hot's saufn aufghert
hot eam sei orzt grodn

da toni hot's weibern aufghert
hot eam sei frau grodn

da toni hot's noschn aufghert
hot eam sei orzt grodn

da toni hot's fleisch essn aufgehrt
hot eam sei orzt grodn

da toni is a trottl
und sei orzt

*

i hob
beim pizzamann
a pizza bestöt

und da pizzamann
vom pizzamann

hot ma
die pizza
ned brocht

i man
von wo
waß der
dass i
obnehma soit

Wenn ich nur noch einen Tag leben würde,
würde ich trotzdem nicht spazieren gehen!

Im Idealfall ist der größte Wunsch im Leben – die Gesundheit!

Bewegung macht nur dann Sinn, wenn man sich bewegt.

Wenn dir einer zu Bewegung rät, geh ihm aus dem Weg.
Oder noch besser: Laufe ihm davon!

Wer Sport betreibt, bewegt sich meistens.

Ich kann schlecht krank sein.

Ich kann gut gesund sein!

Gedankenlücken sind gesund für die Psyche.

Sei nicht traurig, dass du alt bist und in Pension gehen musst,
sondern freu dich, dass du gesund bist und in Pension gehst!

Schimpfen ist ein gesundes Hausmittel gegen Depression.

Ohne Gesundheit ist alles nichts!

Wenn man gesund ist, kann man leicht lustig sein.

Dicke Menschen können eine Leichtigkeit haben!

Dünne Menschen können eine Schwere haben!

Dicksein ist eine eigenartige Form eines Schutzmantels.

Wenn du dich ständig überisst, wirst du dick!

Auch dicke Menschen haben Gefühle!

Wer abnimmt, verliert an Gewicht.

Ich habe kein Problem mit dem Gewicht.
Das Gewicht hat ein Problem mit mir.

Mein größtes Problem ist mein Übergewicht.
Aber das sag ich niemandem!

Am schnellsten erreicht man das Idealgewicht, wenn man vier Wochen
tot ist. Der Nachteil dieser Methode: Man schaut aus wie eine Leiche!

Ein Krebskranker fürchtet den Herzinfarkt am wenigsten!

Wenn du sitzt, kannst du nicht spazieren!

Ich habe eine Spaziergehallergie!

Geh dann spazieren, wenn du Lust dazu hast.
Nicht, wenn es dem Wetter passt!

Wenn ich übers Abnehmen spreche, bin ich ein Bauchredner.

Stell deine Körperwaage in die Ecke und lass sie dort,
bis sie sich entschuldigt hat.

Abnehmen ist eine Kopfsache und Zunehmen eine Bauchsache.

Vom Abnehmen reden ist leicht, wenn man leicht ist!

Spring in die Luft und es könnte sein, dass du dir
bei der Landung den Fuß verletzt.

Stelle dich dann auf die Waage, wenn du dir ganz sicher bist,
dass du es verträgst.

Fernbedienungen sind die modernen Feinde des Körpers!

Wer ganz oben ist, sollte die Aussicht genießen
und nicht mehr weitergehen.

Wer zu weit geht, muss wieder zurück gehen!

Wenn du beim Abnehmen Fett verbrennst, riecht man das nicht.

Rollschuhe sind auf Dauer auch keine Lösung!

Wenn du tanzt, lebst du!

Wer tanzt, schaut schön aus.

Wenn ich in einen Fitnessraum reingehe,
fängt der Hometrainer zum Schwitzen an.

Einen Schwächeanfall merkt man stärker als einen Stärkeanfall.

Essen – Trinken

ma i gfrei mi so
heit gibt's erdöpfigulasch
und imma
waunn's a erdöpfigulasch gibt
daunn gfrei i mi

i man
ned dass des essn gestan
ned guat woa
oba ... gemüsestrudl
is eh guat
oba hoit wegetarisch

i man
ned dass des erdöpfigulasch
jetzt ned wegetarisch is
oba ned so wegetarisch
wia gemüsestrudl

und mei frau
mocht des erdöpfigulasch
gaunz speziell
nämlich
mit wiaschtln

luxusproblem

heb da
dein hunga
auf

*

diäten san sinnlos

die bernhard ludwig diät
zum beispü
an tog essn
an tog nix essn
sinnlos

wei waunnst des aufherst
nimmst zua
oiso ka diät
sondern a essensumstellung
fias lebn

die lainer diät
de is supa
zehn minutn essn
wos wüst
zehn minutn nix essn
oba wiaklich nix

jetzt werdn
sie sogn
des bringt oba a nix

sog i jo
diätn san sinnlos

*

waunn mi wer frogt
ob i speckknacka mog
sog i na

waunn mi wer frogt
warum i kane speckknacka mog
sog i na
i sog das ned und i mog's a ned

waunn mi wer frogt
warum i na sog
sog i wei i das ned sog

waunn mia wer sogt
dass des ka begründung is
sog i des is ma wuascht

und jetzt wissns
warum i
kane speckknacka
mog

du
is des solotbüfe
guat do

du
i muass da
ehrlich song

i woa do
nu nia
beim solotbüfe

*

i waß ned warum
auf amoi
hob i an gusta
auf a leberkassömi ghobt

i waß ned warum
daunn bin i ins gscheft gaunga
und hob ma
zwa leberkassömi kauft
und gessn

i waß ned warum
daunn bin i nu amoi
ins gscheft gaunga
und hob ma
nu amoi zwa leberkassömi kauft
und gessn

i waß ned warum
oba daunn
woa ma schlecht

*

waßt wos
wiaklich guat is
überbochane speckknedl
oda
a schweinsbrotn
oda
a pizza
und daunn
a tiramisu

und waßt wos
des ollabeste is
des ois in der reihenfoige
hintaranaund

*

wos gibt's
denn heit
zum essn

wos
na
i glaub's ned
wiaklich
erdöpfinudln

wia laung
haumm mia
kane erdöpfinudln ghobt
ha

wos
echt
na wiaklich

vor zwa wochn

egal
heit gibt's
erdöpfinudln

*

waßt
wos leicht is

onehma

waßt
wos nu leichta is

zuanehma

heit moch i
sömmiknedl mit schwammalsoß
do wird si
mei tochta gfrein
sie is nämlich wegetarierin
und hot mi
heit voamittog augruafn
und hot great
wei's
auf da matheschularbeit
an fünfa hot

daunn hob i gsogt
mocht jo nix
heit gibt's
sömmiknedl mit schwammalsoß

daunn hots
a bissal glocht
oba a nu
a bissal great

waunn i
frustriert bin
daunn friss i

waunn i
ned frustriert bin
daunn iss i

*

noch ana lesung
zum wiaschtlstandl
des hot wos

noch an theater
zum wiaschtlstandl
des hot wos

noch an opernobend
zum wiaschtlstandl
des hot wos

noch jeda veranstoitung
zum wiaschtlstandl
do hot's wos

Wenn „Essen auf Räder" dein einziger sozialer Kontakt ist,
dann bist du sehr einsam!

Richtige Freude gibt es nicht, außer wenn man Hunger hat
und etwas zum Essen bekommt.

Ein Hendl ist viel aufwändiger zu essen als ein Cordon bleu.

Du scheißt, was du beißt!

Auch dünne Menschen essen gerne!

Hunger ist der zweitbeste Koch. Der beste Koch ist immer noch ein Koch!

Über Geschmack kann man nicht streiten. Das ist Geschmackssache!

Sucht

i bin

a brava bsoffana
ka randaliera
ka grapscha
ka unguada

oba hoit bsoffn

des is nüchtern
betrochtet
eh ned so
tepat

gegrüßet seist du
mein bier
gebraut
von hopfen und malz
geklärt
mit wasser
vergoren
mit der zeit
erschaffen
für uns menschen
lass uns diesen abend
gemütlich mit dir verbringen

in ewigkeit amen

*

in lindinga sei bia

in lindinga sei bia
is des beste bia

in lindinga sei bia
is des gschmackigste sterkste
und koitaste bia überhaupt

in lindinga sei bia
is afoch a wahnsinn

oba wos hüft ma
in lindinga sei bia

waunn's auf meina hosn is
und ned duat wo's highert

in lindinga sei bia

 *

des intaressante
an da sucht is

dass ma genau waß
dass ma süchtig is

oba ned genau waß
warum ma süchtig is

Ein Alkoholiker stirbt früher, dafür hat er doppelt so viel gesehen!

Man kann auch ohne Alkohol lustig sein.
Aber ich gehe auf Nummer sicher!

Keinen Alkohol zu trinken, fällt mir nicht schwer.
Das Problem dabei ist: Man bekommt alles mit!

Offizielle Reden sind wie Alkohol. Unnötig, aber notwendig.

Alkohol sagt uns: Es lebe die Fahne!

Wenn du viel Bier trinkst, musst du oft aufs Klo.

Wein auf Bier, das rat ich dir! Bier auf Wein, das rat ich dir!

Die große Vernunft des Menschen zeigt sich darin,
dass er den Schnaps in anderen Mengen trinkt als das Bier.

Wenn das Betrinken nicht so schädlich wäre,
wäre es viel schöner und gesünder.

Ein Glas Wein ist keine Lösung. Schnaps schon eher!

Ein richtiger Rausch ist wie Probesterben.

Schnaps ist eine hochprozentige Lösung.

Noch ein Mineralwasser und ich bin stocknüchtern.

Politisch korrekt heißt es heute nicht mehr Kater, sondern Tagesburnout!

Richtige Superstars haben Drogenprobleme und schöne Zähne!

Wer keinen Alkohol trinkt, ist ein anonymer Antialkoholiker.

Kaffee ist kein Nahrungsmittel!

Alltag

gerücht

host du gwusst
dass sie ...

und waßt eh
er a ...

moagn um zwöfi
hoi i ma
vom huaba heinzi
brodwiaschtln

des san
de bestn brodwiaschtln
vo do bis überoi
de hoi i ma moagn

und waßt wo?

beim laundhaus
in linz
direkt bei da
minoritnkiachn

und i gfrei mi
gaunz narrisch
auf die supaguadn
brodwiaschtln

so afoch
is die wöd

*

schlafen am tag

woam scheint die sunn gaunz in da fruah
i kumm grod ham und bin voi zua

i foi mit schwung eini ins bett
des weckt mei frau – die is ned nett

sie sogt zu mia, wo woast du heit
i sog zu ihr, bei a poor leit

sie sogt drauf, erstaunlich offen
host wieda tepat einigsoffen

i fertig mi no patschert recht
dass jo da wirt a lebn mecht

wos sie drauf sogt, des her i ned
wei des ois schlofata ned geht

i hob an tram, fost jede nocht
dass mia mei frau a essn mocht

nua tramt ma jetzt, es is varuckt,
dass sie mia in mei essn spuckt

und dass sie meine hausmannskost
mit obsicht voi aubrenna losst

so alpträume am voamittog
mochn des schlofn echt zur plog

am nochmittog so umra drei
is mit der tramarei vorbei

es genügt ein blick in spiagl
i hob nu an morzdrum ziagl

und ausschaun tua i wia a sau
da tröst i mi mit an kaukau

nu imma ziemlich blunznfett
leg i mi wieda zruck ins bett

i zöh nu bis zum drittn schof
und foi daunn herrlich tiaf in schlof

erst wia mei frau si niedalegt
gspia i an stress, der mi weckt

ihr kalter blick lässt es mich wissen
bei ihr hab ich jetzt ausgeschissen

und des haßt, die nächstn wochn
muass i fia mi söba kochn

spür i a bisserl meine triebe
kummt sehr wenig zruck an liebe

deut i was an in richtung sex
daunn bin i glei ihr zukunfts-ex

die moral von dera gschicht
tagsüber schlofn bringt es nicht

*

kennst des?

du legst di nieda
wüst eischlofn
bist grod ums eischlofn
auf amoi
foit da wos ei
du denkst da
des merk i ma bis morgn
daunn foit da nu mehr ei
daunn denkst da
bis morgn
vagiss i des wieda
und daunn
kaunnst nimma eischlofn
stehst auf
und schreibst des auf
daunn legst di wieda nieda
und wüst wieda eischlofn
oba daunn
kaunnst laung ned eischlofn

kennst des?
na?
sei froh!

*

(laut lesen)
seitdem
i wieda
so guat her
her i ois
ois

i sitz
in an kaffeehaus
und her ois

vo olle tisch
vo olle leit
i her ois
afoch ois

oba
wia i ned
so guat ghert hob
woa's ma
irgendwie liaba

wei
wost do ois herst
waunnst ois herst

do is
vü schaß
a dabei

*

i bin öftas in wean
und duat
bin i amoi
mit da bim gfoan

auf amoi
is steh bliebn

warum

wei do
a hoitestö woa

*

sonntog

afoch doliegn
und nix woin

afoch dositzn
und nix denga

afoch dosteh
und nix toa

afoch sei

*

heit woa a storka tog

augfaungt hot's
mitn frühstück

z'mittog woa ma
im wiazhaus essn

daunn schnö ham
auf a nochmittogsschlaferl

und am obend
hot's daunn a gscheide jausn gebn

aufnocht woa i daunn
nu mit freind unterwegs

um drei in da fruah ham
und daunn glei in die hapfn

heit woa a storka tog

waunn
d'haundwerka
do san
is laut

waunn
d'haundwerka
weg san
is leise

waunn
d'haundwerka
goa ned kumman
is a schaß

*

waunn i
so tarat
warat's
aundas

waunn i
so turat
wurat's
aundas

waunn i
so tua
wird's
aundas

oba
i tua's ned
i loss
liaba

*

daham
is am schenstn

do hob i
a couch und a bett
an tisch und drei sessl
an fernseha und an compjuta
meistens an voin kühschraunk

a wohnzimma
a schlofzimma
a esszimma
a küch

und des beste is
i bin ned furt
sondern daham

eigentlich
gfreit's mi
goa ned

oba
i muass

wei i hob's
vasprochn

wos war
waunn i oba
jetzt sogat
na
i tua's
afoch ned

i hob's
zwoa vasprochn
oba i
hob mi
vasprochn

i woit eigentlich
gaunz wos
aundas sogn

nämlich
NA

na des geht do ned

i moch's afoch
oda do ned

*

a ruah

so do gsessn
und gwoat
dass wos passiert

laung do gsessn
und gwoat
dass wos passiert

nu länga do gsessn
und daunn
is passiert

NIX

Ärgere dich nicht über Sachen, die du nicht beeinflussen kannst.

Übertauche den Schlaf und du bleibst munter!

Wenn dir der Weitblick fehlt, besorge dir eine Brille.

Wenn du dir in den Finger schneidest, brauchst du ein Pflaster.

Morgenstund hat Geruch im Mund!

Lerne jeden Tag von den Schmetterlingen.

Wenn du die Wahl hast zwischen Käse oder Leberkäse,
dann nimm das, was dir besser schmeckt.

Dort, wo die Mohnblumen blühen, ist der Mohnstrudel
nicht mehr weit.

Fernsehen ist so wie „spechteln"!

Wenn dich eine Fliege ärgert, mach es wie ein
amerikanischer Präsident: Erschlag sie!

Sammle Kräfte und die Suppe wird dir schmecken!

Im Großen und Ganzen ist es so, wie es ist. So!

Das beste Mittel gegen die Traurigkeit ist Pfefferminzeis.

Ein Wutausbruch hat etwas Befreiendes und etwas Trennendes.

Wenn du hilfst, hilfst du dir auch selbst.

Bei Schmerz, mit Schicksal verbunden, gibt es leider kein Pflaster.

Lesen hat nur dann einen Sinn, wenn du einen Ohrensessel besitzt.

Wer die Stille hören will, muss ganz leise sein.

Wer zu spät kommt, ist nicht pünktlich.

Alles, was du selbst machst, ist gemacht.

Die Pflicht ist der größte Gegner der Poesie.

Lesen ist wie Fernsehen. Beides nicht gut für die Augen!

Der Lehrer wiederholt sich ständig!

Die besten Gedanken habe ich im Schlaf. Erkennen Sie mein Problem?

Wer laut atmet, schnarcht!

Wer muss, der tut, wer nicht tut, könnte.

Gewohnheit ist eine regelmäßige Leidenschaft.

Pünktlichkeit ist nicht cool!

Solange du nicht cool bist, musst du es vortäuschen.

Wenn du nicht kannst, dann mach es trotzdem!

Gerüchte und Gerüche entstehen nur dann, wenn man sie verbreitet.

Stricken ist anstrengender als Häkeln!

Nur wo du mit dem Auto warst, bist du auch wirklich hingefahren!

Freiheit kann auch schon sein, dass ich am Morgen entscheide, welche Unterhose ich anziehe.

Das Gegenteil von Alltag ist Zärtlichkeit!

Die Theorie ist immer schöner als die Praxis.

Gesellschaft

friha
woa ois bessa
de leid
des weda
de jugend
de heisa
des essn
des tringa
afoch ois

des wos
oba gleich bliebn is
friha und heit
is des
dass friha
ois bessa woa

friha und heid

Solidarität

Auch
Ein
Egoist
Denkt
Manchmal
Für
Andere

*

realität

es kau sei
dass so is

und i man a
dass des so is

es kunnt
oba a sein
dass a ned so is

oba egal
wia's is

es is hoit so

*

spaltung

waunn da
wer sogt
dasst a oaschloch bist
kaunnst
des glaubn
oda ned

oba
waunn da
wer sogt
dasst ka oaschloch bist
glaubst des
sofort

*

maunchmoi
hob i
des gfüh
i bin allani
auf da wöd

oba imma
waunn i
des gfüh hob
kriag i wenig
von de aundan mit

daunn
steh i auf
und aufamoi
san die leit
wieda do

*

1.
seavas seppal
wos schaust denn so
kumm do zuwa
mogst a krachal
wos
ka krachal
wos is denn los mit dia
du mogst do imma a krachal
di haumms gschlogn
jo wer
irgendwöche leit
jo wöche leit
wos dei vota
oba des is do ned irgendwer
des is dei vota
du derfst ned so redn
über dein vota
sicha a waunn er di gschlogn hot
eam is hoit die haund auskumma
do seppal trink a krachal
und daunn is wieda guat, geu

2.
jo seppal wia schaust denn du aus
volla bluat und blau bis in die augn
geh seppal du wiast do ned sogn
wos dei vota mocht sowos
des wird schau wieda
du seppal bleib a wengal bei uns
und d'mutti mocht da an kaukau, geu

3.
du mutti
kaunnst di nu erinnern
wia da seppal
zu uns kumma is
gaunz daschlogn und vawundt
heit is a in da zeitung obüdlt
im gerichtsteil
jo jo i hob schau imma gsogt
dass aus dem buam nix wird
sogoa sein vota hot a valeignet
da seppal

Die Gesellschaft zu kritisieren ist ein spannenderes Hobby
als Computerspiele!

Unsere Gesellschaft muss lernen, dass nicht alles lernbar ist.

Jeder, der lernt zu arbeiten, unterstützt diese Gesellschaft
in vollen Zügen.

Dass heutzutage Menschen an Hunger sterben,
ist die größte Schande der Menschheit!

Chaos ist in manchen Momenten die beste Ordnung.

Glaube jeden Tag daran, dass der Mensch grundsätzlich gut ist.

Kommunikation

*

geh jetzt her oba auf
geh wiaklich
jo des is wos
jo des waß i scho
na die a
jo
jo jo
jo des hob i scho ghert
jo des redt sie umannaund
genau
und host du gwusst dass ...
ah host eh scho gwusst
na i hob ma denkt waunnst das ned waßt
daunn sog i da's
oba waunnst das eh scho waßt
und wos gibt's nu neichs
ah des waß i ah scho
mmmh
des sog i a
des hätt ma si nia denkt
oba es dawischt olle amoi

du i muass jetzt aufhern
daungsche
mit dia is oiwei so klass redn

*

ausgmocht is ausgmocht

moagn
voamittog
ruaf i
di aun
so
gegn öfi

oba nua
waunn i
scho munta bin

sunst speda

ausgmocht is ausgmocht

*

unta umstendn
kau ma des
so seng
wia's is

oba
ma kunnt's a
gaunz aundas
seng

und des hot ma
daunn davo
waunn's daunn
ned so is

*

waßt wos
intanet und fesbuk
gemeinsam haum?
oda aundas
des geheimnis
von intanet und fesbuk

es braucht neamnd
oba es intaressiat olle

oda aundas

so genau
woin mas eh ned wissn
oba neigierig samma do

oba fesbuk
jetzt sog i da
amoi wos
nimm di ned
so wichtig
wei ohne intanet
waratst du goa nix

fesbuk
abschlussfrage

wos woa zeascht
des intanet
oda
des fesbuk?

*

koit is heit
jojo

moagn soi's a nu
koit bleibn
jojo

übermoagn haumms
daunn wieda sche gmöd
jojo

es gibt irgendwie
goa kane übergaungszeitn mehr
jojo

entweda glei haaß
oda glei koit
jojo

mit dia
kau ma si
echt guat unterhoitn
jojo

*

warum
is mei lieblingsfragewort

wobei wo
a ned schlecht is

wos
hot a wos

wie
is irgenwie ned so

waunn
is fia mi
mit termin besetzt

es bleibt dabei

warum
is mei lieblingsfragewort

wieso
waß i a ned

*

jetzt telefoniert
der scho
a hoibe stund

wia kau ma nua
a hoibe stund
telefonian

nervig is des
a hoibe stund
telefonian

sowos aunstrengendes
a hoibe stund
telefonian

und des
mit mia

Worte können viel Gewicht haben.
So gesehen bin ich ein guter Rhetoriker!

Ein gutes Gespräch ist, wenn auch ein Bier dabei ist.

Der Augenblick ist der Punkt, in dem sich entscheidet,
wie sich das Gespräch weiterentwickelt.

Wer viele Fragen stellt, ist entweder neugierig oder Armin Wolf.

Wenn du Antworten suchst, musst du vorher Fragen haben!

Bei einem guten Interview sind die Antworten kürzer als die Fragen.

Versuche, mehr zu sagen als zu reden.

Auch wenn der Tag nicht lang ist, reden die Leute viel!

Etwas reden ist die eine Sache, etwas sagen die andere!

Kompromisse sind bequeme Ausreden.

Tanzen ist wie miteinander reden, nur ohne reden.

Wer keine Meinung hat, kann seine Meinung immer ändern!

Wenn du etwas nicht verSTEHst, dann STEH dazu!

Eine Meinung zu ändern, zeugt von Persönlichkeit
und großer Meinungsbildung.

Jemanden zu verstehen, heißt noch lange nicht,
dass man ihn verstanden hat.

Lösungen sind langweilig!

Probleme sind dann gut, wenn es richtige und gute Probleme sind!

Ich maile dir und du mailst zurück: Das nennt man Vermailung!

Wenn du etwas sagst, dann mein' es auch so!

Man muss nicht alles sagen, was man denkt!

Man muss nicht alles denken, was man sagt!

Wenn du lügst, dann mach es so, dass es keiner merkt.
Nicht einmal du selbst!

Fehler sind da, um zu wissen, was richtig ist.

Ein gutes Problem hält jung!

Der Irrtum ist ein einziger Fehler!

Informationen sind relativ, Gerüchte aber absolut.

Ein gutes Ziel ist dann ein gutes Ziel, wenn man am Morgen aufsteht und
für dieses Ziel arbeitet, ohne sich zu denken: Warum mache ich das?

Wer viel redet, sagt meistens nichts!

Sich für einen Fehler zu entschuldigen, ist leichter,
als ihn nicht wieder zu machen!

Die Musik redet anders als die Sprache.

Der, der zuhört, erfährt mehr als der, der redet.

Oft habe ich zu viel geredet. Selten zu viel geschwiegen!

Wir sollten manchmal verhindern, das zu sagen, was wir denken.

Nur wer ein Missverständnis hat, kann es auch klären.

Wer viel redet, hört weniger zu.

Wer nicht viel redet, sagt auch nicht viel.

Wer A sagt, kennt das Alphabet!

Rede heute weniger Blödsinn als gestern!

Die Werbung bringt sehr viel, vor allem, wenn man sie macht.

Wenn einer viel redet, schweige zurück!

Eine Meinung haben zu dürfen, ist immer noch
ein eigenartiger Luxus in unserer Welt.

Schweigen kann nur der, der alles gesagt hat.

Beispiele sind der beste Beweis dafür, dass einer in der Diskussion seine Meinung nicht richtig herüberbringt.

Wenn ich jemanden nicht mag, dann raufe ich mich mit ihm zusammen!

Auch dicke Menschen können Smalltalk machen.

Wenn du etwas erklären willst, aber nicht weißt, was du sagen möchtest, dann sag nichts!

Wenn es sprudelt, dann lass es heraus!

Lebensweisheiten,
die keiner braucht

und die kua
gibt ka ruah
und da baua
der is saua

und die sau
mocht miau
und da baua
der is saua

und da hund
der is z'rund
und da baua
der is saua

und die kotz
frisst kan rotz
und da baua
der is saua

und die beirin
die fuattats

*

waunn wer
an schaß losst

song ma
an stinkatn schaß

daunn
frog i mi oft

waunn
da geruch weggeht

wo
is da geruch

oda

wo
stinkt da schaß
weida

*

glanda

a glanda is a glanda
und es is
a guats glanda
waunn's duat is
wo's highert
nebn ana stiagn

a glanda
kau ned
allani dosteh
a glanda steht
imma daneben
nebn ana stiagn

platzangst

jedes mal
wenn ich
mit dem zug
fahre
bekomme ich
angst
dass ich
keinen platz
bekomme

oalabbal

oalabbal
is a schens wort

oalabbal
san ned olle gleich

oalabbal
hängan owi

oalabbal
pickn an der haut

OBA

oalabbal
hot a jeda zwa

oalabbal
is a schens wort

Gut Schwing braucht Seile!

Ohne Fleiß kein Reis! *(chinesische Weisheit)*

Denke, bevor du denkst!

Glaub niemandem. Das auch nicht!

Die Luft im Zug ist sehr schlecht, auch wenn es Zugluft ist.

Denk nicht zu viel nach. Es merkt sowieso niemand.

Atme, sonst bekommst du keine Luft!

Es ist nie falsch, irgendetwas für ganz richtig zu halten.

Was du gratis machst, mache nie umsonst.

Ehrlichkeit ist nichts für Lügner!

Es reicht, wenn wir nur die Hälfte machen!

Kontrolle gehört immer kontrolliert.

Das meiste ergibt sich von selbst und das andere auch!

Oft ist es gescheiter, man tut nichts, als man tut gar nichts.

Es gehört auf alle Fälle etwas getan! Ich weiß zwar nicht genau was, aber es gehört unbedingt gemacht!

Die Versuchung ist dann besonders groß, wenn schon viele Versuche, sich versuchen zu lassen, gescheitert sind!

Glück ist so wie Pech. Nur das Gegenteil!

Wer anderen eine Grube gräbt, wird selbst ins Schwitzen kommen.

Verteidigung ist die beste Abwehr!

Lass dich nie aus der Reserve locken,
denn ein lahmer Esel schwitzt nicht gern!

Wer gewinnen will, darf auf keinen Fall verlieren.

Wer sich bückt, ist kleiner.

Ohne Rücksicht gibt es keine Vorsicht.

Gier ist mindestens so schlimm wie Geiz.

Preise sind dann wertvoll, wenn sie hoch sind!

Eine Anstrengung wäre es schon wert, aber es muss nicht sein!

Gerüchte soll man weiterverbreiten. Das ist ihr Wesen.

Bühnen haben nur dann einen Sinn, wenn sie beleuchtet werden!

Es gibt das Rechtschreibheft. Ich fordere das Linksschreibheft
für Linkshänder!

Je schwieriger die Sache ist, desto leichter sollte man an sie herangehen!

Die Art des Nehmens ist wichtiger als die Annahme selbst.

Wenn du nicht darfst, was du willst, wolle, was du darfst.

Die Mauer der Selbstlosigkeit gilt es zu überwinden!

Verlass dich auf dich selbst, dann machst du dir
keine unnötigen Hoffnungen!

Vieles von dem, was gesagt wird, ist Schwachsinn. Genauso wie das jetzt!

Anerkennung ist eine große Tat. Wenn man sie annehmen kann.

Die Voraussetzung für Neugier ist Aufmerksamkeit.

Der Ärger gehört dazu, um Freude empfinden zu können.

Wer verhandelt, wird behandelt.

Autofahren ist so wie Fliegen, nur am Boden.

Vorurteile sind da, um bestätigt zu werden.

Wer richtig lebt, hat recht gehabt!

Neue Lügen braucht das Land!

Träume sind Abenteuer im Liegen.

Bewunderung ist ein eleganteres Wort für Neid.

Was leicht erklärt ist, wird schnell vergessen.

Ärger ist die intensivste Form der Emotion!

Frieden ist das, was es nie geben wird.

Ideal ist immer das, was man nicht hat.
Wenn man es hat, verliert es schnell seinen Reiz.

Glücklich ist der, der zufrieden ist und zufrieden ist die, die glücklich ist!

RotweinROT ist ein anderes ROT als BlutROT!

Der schönste Satz ist der Vorsatz.

Was bringt es, wenn du sehr oft in Zeitungen abgebildet bist?
Letztendlich landest du im Altpapier!

Werbung lügt nicht – sie präsentiert nur die falsche Wahrheit!

Es ist viel schwieriger, ab 8 Uhr abends Höchstleistung zu erbringen als ab 8 Uhr morgens!

Der größte Widerspruch: Ich liebe Oper und Musical!

Die beste Sicht auf sich selbst hat man vor dem Spiegel.

Wer sich selbst bei einer Wahl wählt,
ist meistens ein Kandidat dieser Wahl!

Das meiste geschieht im Geiste!

Wer einen starken Willen hat, wird ihn auch durchsetzen.

Ob wer ein Held ist oder nicht, bestimmt die Masse, nicht der Einzelne.

Wer große Taten vollbringt, hatte vorher große Gedanken.
Aber leider nicht immer.

Es gibt nichts Besseres als die Hoffnung, sich zu bessern.

Wenn Mode das größte Problem ist,
dann hat man kein richtiges Problem!

Sei gut *(Eigenschaften kann man beliebig austauschen)*
oder sei schlecht *(Eigenschaften kann man beliebig austauschen)*.
Je nachdem, wie es dir geht!

„Und" und „aber" sind nicht mehr, als sie bedeuten!

Ein guter Ratschlag ist so viel wert wie zehn Sitzungen
beim Therapeuten!

Ein Kompliment hört jeder gern. Am liebsten der,
der gerade jemandem ein Kompliment gemacht hat.

Wenn ich wollte, könnte ich, weiß aber nicht, wie das geht,
dass man kann, wenn man will.

Es ist leichter, das zu denken, was man sagt,
als das zu sagen, was man denkt.

Wer streitet, nimmt den anderen wenigstens ernst!

Die Freiheit an sich gewinnt dann große Bedeutung,
wenn man sie nicht mehr hat.

Wer ständig seinen guten Charakter betont,
hat eher ein hässliches Spiegelbild!

Wer Zivilcourage in sich trägt, muss Anlässe suchen,
wo er sie einsetzen kann.

Man ist so alt, wie es in der Geburtsurkunde steht!

Das Handtuch ist eine trockene Angelegenheit.

Das Wesentliche in einer Situation ist immer
erst im Nachhinein zu erkennen.

Verachtung ist die ehrlichste Form der Bewunderung.

Der Ausgangspunkt ist meistens dort, wo es beginnt!

Hilfe anzunehmen ist schwieriger, als Hilfe zu geben.

Wer etwas tut, ist aktiver als der, der nichts tut!

Es ist leichter, Wünsche zu erfüllen, als welche zu haben.

Nütze jede Gelegenheit! Auch diese!

Zähle sechzig Sekunden, und es wird eine Minute vergehen!

Wer zwei Handys hat, kann sich selbst anrufen.

Es ist keine Schande, wenn du Hilfe brauchst. Nur wenn du sie ablehnst!

Die Fantasie lügt uns oft an!

In unserer Fantasie sind wir alle schön!

Schau in den Spiegel und du wirst dein Spiegelbild sehen!

Spannleintücher sind nur im Kasten entspannt.

Aufgeräumt wie in einem Priesterseminar!

Eine große Idee kann auch entgleiten.

Wer viel Angst hat, hat wenig Mut.

Eine rote Karte spielt meistens der anderen Mannschaft in die Karten.

Wer anderen eine Grube gräbt, fällt nicht weit vom Stamm.

Wenn du die Apps verwechselst, hast du dich veräppelt!

Jetzt bilden wir einmal einen Sesselkreis!

Ein richtig ehrliches Weihnachten ist,
wenn du dich über Unterhosen freust!

Wenn du Probleme hast, dann erzähle es deinem linken Schuh.
Das hilft fürs Erste!

Wer Nachlese liest, lügt sich momentan an!

Wenn du nicht gewinnst, bist du Verlierer!

Gewalt ist sehr brutal!

Wenn Zufall und Unglück zusammenkommen,
dann schau, dass du nicht dabei bist!

Angriffslustig ist ein ambivalentes Wort.

Stell dir vor, es gibt ein Lichtermeer und keiner hat ein Feuerzeug, ein Handy, eine Kerze oder eine Taschenlampe mit.

Der Fehler ist das Gegenteil des Leistungsgedankens.

Ein Versteck ist nur dann ein Versteck, wenn sich wer darin versteckt.

Helden sind selten!

Um das Glück zu finden, brauchst du sehr viel Glück!

Wer behauptet, immer die Wahrheit zu sagen, der lügt!

Autorität ist ein unsympathisches Wort.

Wer Ohren hat, der putze sie!

Das Schöne hat auch etwas Schiaches!

Meine größte Schwäche ist meine Stärke!

Arbeitsleid ist die katholische Umschreibung für Burnout!

Den Augenblick zu sehen ist nicht einfach!

Angst ist ein gutes Hilfsmittel, um nicht überheblich zu werden.

Ein kluger Gedanke hat es nicht leicht auf dieser Welt!

Wenn du etwas unbedingt haben möchtest und es dir nicht leisten kannst, musst du es demjenigen stehlen, der es besitzt.

Wenn man die Angst riecht, wird's ziemlich stinken!

Erkenne, was Glück und Freude für dich bedeuten, und du wirst glücklich und fröhlich sein.

Treffen sich zwei Wahrheiten. Sagt die eine zur anderen: „Wirklich?"
Die andere: „Wahrlich!"

Ein übertriebenes Danke schmerzt mehr als eine unnötige Bitte.

Seine Freude zu finden ist eine große Freude.

Denken ist Luxus!

Die Menge zu überzeugen, braucht eine Menge Überzeugung!

Wo ein Wille, da eine Straße!

Der Zufall hat etwas Überraschendes!

Ein Standpunkt ist ein Ist-Zustand.

Ein Gesicht sagt mehr als die Geburtsurkunde.

Geistesgegenwart ist heutzutage eine Ausnahmeerscheinung.

Wer ständig Trübsal bläst, hat eine gute Lunge.

Übertriebene Dankbarkeit ist das falsche Mittel!

Wer „Danke" sagt, hat meistens vorher „Bitte" gesagt!

Fehler sind nur Angebote!

Nicht zufrieden will ich sein, sondern dem Glück sehr nahe.

Naivität hat man oder hat man nicht. So eine große Tugend
kann man nicht lernen!

Namen sind da, um vergessen zu werden!

Aus schlechter Gefälligkeit entstehen mehr Missverständnisse
als aus guter Lüge!

Der Neid hat keine positive Kraft!

Ein Kreis lässt mehr offen als ein Viereck!

Alles, was verboten ist, ist auch nicht erlaubt!

Erfahrung kommt nach dem Erlebnis.

Auch die Besten sind irgendwo ganz schlecht.

Eine Idee zu haben, ist keine Schande. Eher, sie nicht umzusetzen!

Glück muss man sehen und auch annehmen können.

Misstrauen hat was mit Trauen zu tun!

Demokratie ist eine menschliche Erfindung, die der Mensch widerlegt.

Tränen sind überflüssig!

Das, was wir heute machen, ist nichts Besonderes!
Höchstens etwas anderes, als wir sonst gemacht hätten!

Das Geheimnis der Musik ist die Mischung aus Genauigkeit und Gefühl.

Eine Regierung, die den Fortschritt lebt, muss gehen!

Erziehung ist die Kunst, den anderen so sein zu lassen,
wie er ist, ohne dass er es merkt.

Die Kraft ist selten ausschlaggebend für Ausdauer und Wille.

In jeder Lüge steckt ein kleines Stück Wahrheit.

Eine Überzeugung von sich selbst schadet nicht dem Selbstbewusstsein.

Alt wird man automatisch!

Eine Statistik beweist gar nichts!

Wenn wir so weiter tun, dann wird einiges weitergehen!

Wer den Spott hat, hat die Aufmerksamkeit!

Halte den Atem an und du wirst bald erkennen, dass dir die Luft ausgeht!

Wer nicht kämpft, wird bekämpft.

Die Wahrheit hat auch etwas Bedrohliches!

Ein richtiges Schicksal kann dich von kleinen Problemchen gut ablenken.

Nur wer ein Leiden erlebt hat, hat richtig gelebt!

Feig ist der, der Feige isst!

Der Gedanke sagt zu selten: „Geh, Danke!"

Ein Glück zu empfinden, ist sehr subjektiv und selten!

Der Wert an sich wird meistens überschätzt!

Märchen sind brutaler als die Wirklichkeit!

Jeder Schritt bringt dich vorwärts!

Über die Welt wurde schon so viel geschrieben. Und das jetzt auch noch!

Wenn einer immer das Beste geben will,
kann das auch schlecht ausgehen!

Mut wird oft mit Dummheit verwechselt.

Wer schreit, hat eine gute Stimme.

Man kann die Dinge tragisch nehmen und sie bleiben auch tragisch.

Wer gibt, hat nach dem Geben etwas weniger.

Wer gelobt wird, hat etwas Besonderes getan.

Diplomatie ist eine gute Mischung aus Austeilen und Einstecken.

Wer die Welt verändern will, ist entweder ein unglaublicher Optimist oder ein unglaublicher Trottel.

Wer etwas fordert, bekommt auch was.

Sag nie die Wahrheit. Es könnte dir irgendwann einmal schaden.

Wer einen guten Rat hat, sollte genau schauen, wem er ihn gibt.

Ein Ziel zu erreichen ist momentan schön.

Ein Denkmal ist eine Aufforderung: Denk mal!

Über die Kunst der Rede soll man schweigen.

Nichts fällt schwer, wenn man es leicht nimmt.

Wünsche dir das Glück und es kommt.

Wer gut ist, kann auch schlecht denken!

Wer eine Autorität ist, hat auch selbst eine Autorität erlebt.

Sag immer die Wahrheit oder lüge von Anfang an.

Schlafe gut in der Nacht, dann bist du ausgeschlafen am Tag.

Danke fürs Kommen und Danke fürs Gehen!

Das wertvollste Tagebuch ist der Reisepass.
Er hat vierunddreißig unbeschriebene Seiten!

Wenn jemand sagt, er ist für dich da, dann schau, wo er ist!

Homestorys sind legale Einbrüche!

Wenn du wo bleibst, dann bist du dort!

Das Urlaubsgeld und das Weihnachtsgeld sind irgendwie Geschwister.

Wenn du dich entscheidest, nicht genug zu bekommen,
bekommst du noch mehr!

Gewohnheiten können die große Welt sehr klein machen.

Wenn man muss, dann kann, darf oder soll man nicht. Man muss!

Krücken können eine große und wichtige Unterstützung sein.

Wenn irgendjemand während der Selbstbefriedigung nach dir
ruft und du sagst: „Ich komme gleich!" – Passt's irgendwie!

Wenn du ein Möbelstück nicht schnell aufbauen kannst,
dann baue es langsam auf. Hauptsache, du baust es auf!

Geld – Erfolg – Karriere

Neid ist die beste Voraussetzung für eine steile Karriere.

Gute Feinde bringen mehr für die Karriere als gute Freunde.

Versuche als junger Mensch mit viel Geld erfolgreich zu sein.
Als alter Mensch kannst du es nicht mehr so lange genießen!

Geld bedeutet so lange nichts, bis man es nicht mehr hat.

Warum ich das mache? Ich bin jung! Ich brauche das Geld!

Das Geld, als Material betrachtet, ist sehr wenig wert.

Die einzig richtige Motivation zu arbeiten, ist Geld.
Wenn möglich: viel Geld!

Geld ist ein Systemerhalter!

Der eigentliche Sinn des Reichtums ist, einfach Geld zu haben.

Der Geld-Schein trügt!

Geld ist wie Salz, nur heute wertvoller!

Wer einen erfolgreichen Psychiater besucht,
wird deshalb noch lange nicht erfolgreicher.

Der schönste Erfolg ist der, den man zu Lebzeiten genießen kann.

Erfolgreich wird man dadurch, dass man etwas tut,
wovon die Erfolglosen profitieren.

Erfolg hat der, der nicht folgt.

Wer richtig reich ist, ist eigentlich richtig arm!

Die österreichische Bundesregierung ist die größte
geschützte Werkstätte in Österreich!

Bierfahrerbeifahrer ist ein seltener Beruf!

Jeder mag seinen Beruf irgendwie.
Ob Doktor, Taxifahrer oder Arbeitsloser!

Wenn du in New York berühmt bist, bist du auf der ganzen Welt
berühmt. Wenn du in Wien berühmt bist, bist du in Österreich berühmt.
Wenn du in Linz berühmt bist, bist du in Linz berühmt!

Arbeit ist eingeteilte Freizeitgestaltung!

Es gibt eine Arbeit nach dem Studium!

Menschen, die auf der Bühne stehen, haben das große Privileg,
für ihre Arbeit Beifall zu bekommen.

Wenn du trotz großer Konkurrenz nicht krank wirst,
dann ist das eine gesunde Konkurrenz!

Wenn du die Welt verändern willst, dann werde nicht Politiker,
sondern Maler und Anstreicher.

Politik ist meistens nicht not-wendig!

Ein guter Politiker ist der, der am besten lügt,
ohne dass sein Volk es merkt.

Politik hört auf die Wirtschaft. Leider nicht auf die Kunst!

Politik lässt sich so beschreiben: Wer sagt, was er sich denkt, hat verloren!

Der Rundumschlag ist für gewisse Politiker die einzige Strategie.

Wer reich und sympathisch ist, hat etwas richtig gemacht.

Wer viel in Geduld erträgt, wird Pfarrer oder Wirt!

Wer mit Sicherheit Geschäfte macht, kann trotzdem nicht sicher sein, ob es sicher gut läuft.

Schulden machen ist negatives Sparen.

Wer anderen eine Aktie empfiehlt, fällt selbst hinein!

Wenn die Arbeit im Leben das Wichtigste ist, hast du keine Freizeit!

Ich bin halbwegs erfolgreich, habe ein schönes Leben und kein Burnout. Mehr kann man eigentlich nicht erreichen!

Humor

rau
schreibt ma
ohne H

roh
schreibt ma
mit H

humor
schreibt ma
mit zwa H

HA HA

weda

waunn's weda hoit
daunn wird gmaht

waunn's weda hoit
daunn wird fuaßboi gspüt

waunn's weda hoit
daunn wird's hei hamgfiat

waunn's weda hoit
daunn setz ma uns in gostgoatn

waunn's weda hoit
daunn scheint die sunn

*

vo de dichta
und
vo de pfodfinda

jedn tog
a gedicht

*

gemein 1

brauchst ned glaubn
dass i di ned mog
...
des soist wissn
dass i di ned mog

*

gemein 2

du i red ned schlecht
über di
na
...
i denk nua schlecht
über di

*

gemein 3

du i mog di eh
...
ned seng

*

und da briaftroga
trogt an briaf

und da radlfohrer
fohrt mitn radl

und da fleischhocka
hockt des fleisch

und da popst
der popstlt

i waß eh
wos do hot

i waß eh
wos do hot

do hot's
nämlich wos

i waß eh
wos do hot

jo sicha hot's
do wos

i waß eh
wos do hot

oba
...
i sog's eich ned!
(ein schmunzeln)

*

i gib da
an tipp

nimm di söba
ned z'eanst

nu an tipp
gib i da

schau dasst
gnuag freie toge host

schau dasst
die erhoin kaunnst

schau dasst
gsund lebst

schau auf
dei familie

schau auf di
und

waßt eh
humor is des wichtigste

oba ans sog i da nu

her des
gscheidwaschln auf

*

wos is a fuaßboispü
ohne an bia

wos is a schonglör
ohne an boi

wos is a lehrer
ohne schui

wos is a orzt
ohne patient

des is nix
wei daunn
war nix

*

wappla
söba wappla

doim
söba doim

dilo
söba dilo

du
söba

*

österreichisch

egal
is goa nix
oba
wuascht
is ois

*

bevor i zu ana lesung geh
geh i liaba ins kino

bevor i zu ana lesung geh
geh i liaba ins theater

bevor i zu ana lesung geh
geh i liaba ins kabarett

außa heit
heit geh i a

*

i hob
in jeda stodt
a radl steh

außa
in bregenz

oba
i waß ned
warum

*

waunn mi
ana frogt
sog i sicha
NA
und des
ohne grund
oba
aus volla überzeugung
hauptsoch
NA

*

a dicka
is ned dünn
a dünna
is ned dick

a großa
is ned kla
a klana
is ned groß

a bleda
is ned gscheid
oba
a gscheida
kau gaunz sche
tepat sei

*

i hob
die zeit
gseng!

wia des geht?

i hob
a stund
auf d'uhr
gschaut.

*

waßt
wos i tarat
waunn i
a million hätt

lotto spün

*

warum
is da hümmi
blau
und die wiesn
grün

und ned
umdraht

wei ma
daunn
am hümmi liegatn
und
auf da wiesn fliagatn

*

des glick
is ka vogerl
des glick
hot an vogl

wia i
auf des
kumm

gaunz afoch

ma sogt jo
die tepatn
haumm's glick

a tisch
mit via haxn
is normal

a tisch
mit drei haxn
is ungewöhnlich

a tisch
mit zwa haxn
braucht a waund

a tisch
mit an haxn
foit um

*

wos mochst
waunnst
null strichal
am hendy host
und dia geht's
voi schlecht
bist allani daham
und mechst
wem aunruafn
zum redn

...

auflodn

*

da
ane
hot's

da
aundare
ned

niwo

*

mia foit
nix ein

des
schreib i
auf

mia foit
nix ein

*

trottl tepata is
mei lieblingsschimpfwort

vieradreißg is
mei lieblingszoi

zwüvirostbrotn is
mei lieblingsspeis

dass er und sie
wos haumm mitannaund

is
mei lieblingsgerücht

*

ma sogt ned
übbs

sondan ma sogt
ibbs

wiaklich
warum

so hoid

supa begründung

*

beim segln
foin mia
die ärgstn sochn ei

oba
i tua
nia segln

*

fasching

bevoa i
a grüne perukn
aufsetz
vakleid i
mi liaba
ois sprossnwaund

Humor ist Verdrängung und Ernstnehmen des Lebens zugleich!

Die Satire versucht, das Leben auf den Punkt zu bringen.

Schwarzer Humor ist das Gegenteil von weißer Traurigkeit!

Humor ist eine ernste Angelegenheit.

Kabarettisten sind die modernen Philosophen.

Ein guter Kabarettist sollte mit sich und mit der gesamten Grundsituation der Welt unzufrieden sein.

Als Satiriker wirst du geboren, zum Komiker gemacht!

Komiker sind komische Menschen! Wenn das Publikum über sie lacht, fühlen sie sich ernst genommen.

Im Prinzip ist jeder Komiker verrückt, denn die meisten machen etwas anderes.

Lachen hat mindestens so viel Kraft wie Gewalt!

Der Unterschied zwischen einem Politiker und einem Kabarettisten: Humor!

Ich – zu meiner Person – Persönlichkeit

kabarettist

waunnst
so weida tuast
wird amoi nix
aus dia

i hob
so weida taun
und es is
wiaklich
nix woan
aus mia

oiso so
nix gwordn
aus mia
wia si
des die leit
voagstöt haumm
die des
zu mia gsogt
haumm

dass nix wird
aus mia

*

mit dir
möchte ich
meine wichtigsten stunden
verbringen

mit dir
möchte ich
meine schönsten momente
erleben

mit dir
möchte ich
alt werden

GÜNTHER!
(Hier eigenen Namen einsetzen.)

*

nu waß i ned genau
wohi des ois fiat

nu waß i ned genau
woher des ois kummt

nu waß i ned genau
wofia des ois is

oba i waß gaunz genau
je öda i werd

dass i
nix genau waß

*

pah jetzt frogst mi oba a weng gach
zu meina person

i bin geborn
des is eigentlich des wichtigste

sunst
i bin ned schlaunk
oba des siagt ma eh
waunn ma mi siagt

sunst nu
brünträger, kuazsichtig
meine schuach putz i ma waunn's notwendig is
oiso zu besondere aunlässe
waunn i in die kiachn geh
wird ma schnö fad
i kunnt da drei begründungen sogn
warum i im lotto nu nia a million gwonna hob
die erste is dass i ned lotto spü
des hot den vorteil
dass i ma nia gedaunkn mochn muass
wos i mit sovü göd tarat
jo und sunst mog i des lebn wia's kummt
und nimm's a so ...

ajo jetzt foit ma nu wos ei
eigentlich des wichtigste
i mog kane perfektionistn und gscheidwaschln
leit di da die wöt erklärn kinnan
san ma suspekt
jo des wor's daunn zu mia und meina person

oba tschuidigung
wer losst eigentlich frogn?

*

d'leit sogn

der sauft
heimlich

is ma oba liaba
ois wia

waunn
d'leit sogatn

der sauft
unheimlich

*

waunn i
um vieri in da fruah
ham geh
brauch i
den doppetn gehsteig

waunn i
um vieri nochmittog
zu an auftritt fohr
brauch i
a viadl stroßn
von da autobauhn

egal wia i tua
entweda i brauch zvü
oda i brauch zweng

i hob afoch
ka moß und ka zü

*

gestan auf heid
hob i
guat gschlofn

gestan auf heid
hob i
guat tramt

gestan auf heid
bin i
an tog öda woan

gestan auf heid
bin i
oba
ned gscheida
woan

*

waunn's laung sche is
muass a wieda schiach werdn

waunn laung die sunn scheint
regnt's a boid wieda

waunnst laung liegn bleibst
muasst a wieda aufsteh

waunnst laung bled schreibst
is a nix

*

da mensch
is
a richtig
faule sau

oba
i geh do
extrem
von mia aus

gewidmet: mir

mit vieraviazg
hob i ma
a wohnung kauft

mit fünfafuchzg
werd i ma
a haus kaufn

mit sechsasechzg
kauf i ma
a pension

mit siemasiebzg
a hotö

und mit ochtatochzg
...
des ewige lebn

*

entweda
ma mog
sie söba

oda
ma mog sie
söba ned

waunnst di
söba mogst
daunn passt's eh

waunnst di
söba ned mogst
daunn ändat wos

wei ma is
z'laung zaumm
mit si söba

i woitat oiwei
wer aundara
sei

oba irgendwie

woa i
daunn eh
oiwei i

*

waunn i
so dositz
und nix tua
denk i ma

so dositzn
und nix toa
is a a
bissal fad

daunn
leg i mi nieda
und tua
schlofn

*

oft
bin i allani
a waunn i
in ana gruppn bin

oft
bin i zu mehrat
a waunn i
allani bin

i bin oft
ned so
wia i
sei wü

oba ned
wei i ned mecht
sondan
wei i so muass

*

i werd
oft gfrogt
wia bist du

waßt wia i bin

genau kaunn i da's
a ned sogn
wei i des
söba ned waß

oba wos i
sicha bin
i bin so
wia i bin

oda aundas gsogt
wos i sicha ned bin
is dass i
auf kan foi

aussa
in ausnauhmefälle
oba des
gaunz sötn

*

selbstdiagnose oder selbsterkenntnis

i hob
an leistnbruch

i hob
schwa ghobn

i bin
aufgstaundn

*

im großn und gaunzn
find i des eigentlich
recht klass
wia mi
meine ötan
erzogn haumm

obwoi aundaraseits
waß i jo ned
wia i warat
hättn mi meine ötan
aundas erzogn

oba
im großn und gaunzn
passt's eh

obwoi
hia und do
denk i ma scho
i kunnt gaunz aundas sei
waunn i aundas warat

oba des
geht eh ned
so richtig

oiso
bin i froh
wia i bin

*

werd i

je mehr i
pornos schau
desto ungeila
werd i

je mehr i
biacha les
desto bleda
werd i

je mehr i
ins kabarett geh
desto trauriger
werd i

je mehr i
auf begräbnisse geh
desto lebensfroha
werd i

i glaub
bei mia hot's
a a weng wos

*

mit
siebzen johr
woit i scho
zwang sei

mit
zwang johr
woit i scho
fünfazwang sei

mit
fünfazwang johr
woit i nia
dreißg werdn

und heit
bin i
zwarafuchzg

Ich suche mich schon lange nicht mehr, weil ich auf der Suche sonst Sachen entdecke, die ich schon lange erfolgreich verdrängt habe.

Sei immer DU selbst, und wenn DU nicht DU sein kannst, dann spiele einen anderen. Aber keinen Trottel!

Sei so, wie du es am besten kannst, aber bessere dich dabei!

Ich bin halb-genial!

Pflege deine Komplexe. Niemand ist perfekt.

Wer sich an andere hält, wird nie er selbst.

Achte auf dich selbst, dann wirst du beachtet.

Finde dich selbst, dann wirst du nicht gesucht.

Ich war jünger, als ich den Satz angefangen habe, als jetzt, wenn ich ihn fertig schreibe.

Früher habe ich Kondome getestet, heute Hörgeräte!

Mach ein schönes Foto von dir und bewundere dich jeden Tag!

Wer sich entscheidet, geht seinen Weg!

Man muss vor sich selbst Respekt haben.

Wegen mir muss sich keiner extra genieren!

Wer das Wort „Untergatti" versteht, kommt aus Oberösterreich.

Das Vergleichen mit anderen bringt dich nicht weiter. Vergleiche dich lieber mit dir selbst!

Jahreszeiten – Zeit

i gspia
nochn wintaschlof
die frühjohrsmüdigkeit
wort daunn
bis zum sommaloch
und foi daunn
in die herbstdepression

des johr
is a komisch

genau
in der stressigsten zeit
so um weihnochtn
umannaund
haumms gsogt
dass a klans kind
geborn is
dass des
da heiland is
dass der
die erlösung
fia die menschen is
dass der des schofft
waunn ma draun glaubt
dass ma ruhiger wern
dass der in friedn bringt
haumms gsogt

oba maunchmoi denk i ma
des is sicher a gschichtl

*

weihnochtn
geht ma
am keks

ostan
geht ma
auf die eier

pfingstn
geht ma
am geist

ollaheilign
is fia mi
gstorbn

da anzige feiertog
der ma wiaklich
wos wert is

is da
wötspoatog

*

z'ostan
suacht ma d'eia

pfingstn
suacht ma in heilign geist

in die ferien
suacht ma erholung

z'weihnochtn
suacht ma in friedn

und
wer suacht mi?

*

sudarei

im frühling:
es gibt
ka übergaungszeit!

im somma:
entweda es rengt
oda es is voi haß!

im herbst:
um fünfi wird's
scho finsta!

im winta:
wieda kane
weiße weihnochtn!

waunnst
in da nocht
gaunz allani

vorm compjuta sitzt
des fensta
gaunz weit offn is

im kuazn leibal
in da kuazn hosn
an sommaspritza trinkst

daunn woa's
untam tog
ziemlich haß

*

oiwei dessöbe
jeds johr
geburtstog feiern
mit die kinda
mit da frau
mit die freind
mit mia

oiwei dessöbe
jeds johr
da frühling
da somma
da herbst
und daunn kummt nu
da winta

oiwei dessöbe
jeds johr
aufsteh orbeitn hamgeh
am wochenend ausschlofn
und entspaunna
und irgendwaunn
in urlaub foan

jeds johr dessöbe
neijohr
ostan
wötspoatog
ollaheilign
weihnochtn

oiwei dessöbe
jeds johr

und so
hantln mia uns
duachi
duachs lebn

*

des woan
nu zeitn
oba i rea
um nix nochi

domois hot's gebn
an greißla
mit an schissl
stoiwerk

an fleischhocka
der hot da imma
a radl extrawuascht
gebn

an wirt
der hot
hian mit ei
ghobt

an zaunorzt
do host
ois belohnung
a zuckerl kriagt

i rea
um nix nochi
oba a bissl load
is ma scho

Lass den Winter vorüber gehen. Dann kommt der Frühling!

Wenn es im Sommer sehr heiß ist, geh in die Kirche und kühle dich ab.

Die Zukunft ist in der Gegenwart am wichtigsten!

Die Sehnsucht ist es, die uns für die Zukunft hoffen lässt.

Viele wollen eine gute Zukunft und vergessen dabei,
die Gegenwart dementsprechend zu gestalten.

Wer sich für die Fragen der Zukunft einsetzt,
muss nicht immer fortschrittlich sein.

Alles, was sich in der Zukunft ereignen wird, hat jetzt seinen Beginn.

Verbrecher bei Wintereinbruch haben es kalt.

Wenn du pünktlich sein willst, musst du rechtzeitig weggehen!

Mode ist auch nur eine Zeiterscheinung.

Jedes Geheimnis hat mit der Zeit etwas Langweiliges.

Nachdenken ist in der heutigen Zeit ein Luxusgedanke.

Tagesfreizeit haben die wenigsten Menschen.

Diejenigen, die viel über Zeit reden, haben meistens zu wenig davon.

Ich glaube an die Vergangenheit!

Jetzt interessiere ich mich für die Zukunft.
Was dann sein wird, weiß ich nicht!

Silvester ist so wie Weihnachten. Nur eine Woche später!

In der Gegenwart ist die Vergangenheit immer schöner als die Zukunft.

Wenn du ein schlechtes Horoskop hast, dann wechsle dein Sternzeichen!

Wer an das Horoskop glaubt, muss sich nur daran halten.

Gott – Glaube

an schweinsbrotn
iss i nu
daunn werd i
wegetarier

a bia
trink i nu
daunn werd i
antialkoholiker

a zigarettn
rauch i nu
daunn werd i
nichtraucher

a zuckerl
iss i nu
daunn werd i
nichtnascher

amoi
leb i nu
daunn
stirb i

In Gottes Namen

Gott sei Dank
gibt es keinen Gott.

Leider Gottes
gibt es keinen Gott.

Um Gottes Willen
es gibt keinen Gott?

du herrgod
wer sogt
eigentlich
dass du
a mau bist

oba
i glaub's
eh irgendwie

weist
so wenig sogst

*

wos glaubst
wiavü leid
glaubn
dass gott
ned gibt

i glaub
vü

oba genau
waß i
des ned

glaub i hoit

*

wer
des lebn
duachschaut
is
a gscheidwaschl

wer
den tod
duachschaut
is
da liebe gott

*

unlängst
hot da pforra predigt
dass ma
mehr rücksicht nehma soit
gegenüber
aundare menschn

noch ana
hoibn stund
extrem fada predigt
hob i ma docht
warum soi's i toa
er tuat's a ned

a oida mau hot
zu mia gsogt
i bin scho so oid
da herrgod
hot mi sicha vagessn

hob i eam
tröstn miassn
ka aungst
der hoit di
sicha nu

daunn woa er
beruhigt
hot si umdraht
und is
eigschlofn und gstorbn

*

Gute-Nacht-Gebet
(in einem sehr großen Schlafsaal)

**BITTE
LASST
MICH
JETZT
SCHLAFEN**

Gott ist im Sternzeichen Waage!
Viele Menschen glauben nur vage an ihn.

Weiß Gott alles? Gott weiß nichts!

Der liebe Gott ist ein Frauenversteher!

Wenn du betest, dann heimlich, damit es nur Gott hört!

Wer weiß, wo Gott wohnt – weiß der auch,
wo Jesus sein Kinderzimmer hat?

Gott ist auch nur ein Mensch!

Wenn einer an dich glaubt, nenne ihn Gott!

Gebete braucht der Mensch, nicht Gott!

„Nichts" ist ein schönes Wort. „Gott" auch!

Falls irgendein Mensch „Gott" findet,
soll er „es" bitte im Fundbüro abgeben.

Lieber Gott, ich beschütze dich!

Der Glaube kann nicht immer Berge versetzen. Aber Tunnels graben!

Der größte Nachteil am Glauben ist, dass man nichts Genaues weiß.

Alles ist dann richtig, wenn man daran glaubt und es auch fest behauptet.

Wenn du betest und dich hinkniest, dann schieb dir
einen Polster unter die Knie!

Angesichts der biblischen Tatsache, dass wir alle aus Staub sind,
sind wir relativ sauber!

Wer an Gott glaubt, ist zu beneiden. Es zeugt von viel Vertrauen!

Die einzige Möglichkeit, die Welt ohne Gott zu bewältigen, ist Alkohol!

Beten ist keine Sünde!

Wer ist Gottes größter Fan? Die Gottesanbeterin!

Tod

bei manchen
menschen
glaubt man
nie
dass sie
sterben

dann
wenn sie gestorben
sind
weiß man erst
wie lebendig
sie waren

für Hans Innerlohinger
gestorben am 19. Juli 2000

wos mi
bei mein tod
wiaklich stört
is des
dass i
bei mein begräbnis
bei da zerrung
ka rindfleisch mit sömmikren
essn kau

wei des is
nämlich
mei lieblingsspeis

*

Lieber Tod!

Bleib dort, wo du bist.
Ich will gar nicht wissen, wo du bist!
Verschone mich!

Verschone meine Frau, meine Kinder,
meine Verwandten, meine Freunde,
und die gesunden Menschen.

Du kannst gerne zu Besuch kommen,
aber geh wieder und lass mich entscheiden,
ob ich mit dir gehen will oder nicht.

Komm nicht überraschend!
Das ist unhöflich.
Jeder meldet sich vorher an.
Unangemeldet will dich keiner.

Danke für die Kenntnisnahme!

*

mia kumman
olle ned perfekt
auf d'wöd

mia kinnan's
hechstns vasuachn

dass ma
perfekt gengan
von dera wöd

*

seids
ned traurig
dass i nimma bin

seids froh
dass i
mit eich woa

denkts ned
drüba noch
wos sei wird

des is fia eich
ungewiss
fia mi ned

gfreits eich über des
wos woa mit mia
und mit eich

denkts über des noch
über des
wos woa

mit mia
und wos is mit eich
jetzt sei wird

in diesem sinne

pfiat eich
und
auf wiedasehn

*

jeden tog
vorm schlofn geh
denk i ma
am nächstn tog
in da fruah
bin i tot

oba
bis jetzt
is nu nia
passiert

*

waßt
wo
i
bin
waunn
i
tot
bin

duat

Das Gegenteil von Tod? Leben? Nein! Geburt!

Das Leben kann kurzlebig sein, aber der Tod ist sicher langlebig.

Der Tod ist die größte Veränderung im Leben.

Ein Leben ohne Todesängste ist kein richtiges Leben.

Wer glaubt, der Beste zu sein, braucht nur noch auf den Tod zu warten.

Jeder weiß, was das Leben kann. Niemand weiß, was der Tod kann!

Nach dem Tod ist es vorbei – theoretisch!

Der Tod ist kein endgültiges Ende!

Die Liebe zu verstehen, ist wie den Tod zu erleben!

Totsein ist eine unerforschte Lebensphase.

Älter als tot kann man nicht sein!

Obwohl du liegst, bleibt die Zeit stehen, wenn du tot bist.

Wenn ich tot bin, redet über mich.

Wem nützt das Lob, wenn er schon gestorben ist!

Wenn es so weit ist, dann sag ich es euch!

Zum Gedenken an meinen Freund – zwei Gedichte von Dietmar Ehrenreich

MEI ERSTER DREIER

Mei ersta Dreia
im Septemba 1974
in da viertn Klass Gymnasium
bei da erstn Mathematikschularbeit

ghrert hob i

Mei ersta Dreia
im Oktober 1988
beim Lottospün
und a Freid üba dreiavierzg Schilling

gjublt hob i

Mei ersta Dreia
im Novemba 1996
mit da Vicky
und da Xandi

ghrert und gjublt hob i

WER SOGT DU ZU MIR?

Wer sogt
DU
zu mir auf dera Wöd?

Mei Frau
Mama, Papa
d' Kinda

Die Grünen
und
IKEA

Danksagung

Zuallererst möchte ich meinen **Eltern** einmal Danke sagen. Wenn sie nicht gewesen wären, wäre ich gar nicht auf der Welt.

Ein großes Danke an meine Frau **Agnes** und meine Kinder **Maximilian** und **Eva**, die mich immer so aushalten, wie ich meistens wirklich bin.

Danke an den Verlag **Schultz & Schirm**, besonders meiner Verlegerin **Helen Zellweger** und ihrer rechten Hand **Iris Himmlmayr**, die mich immer wieder unterstützt und meine manchmal komischen Fragen zum Buch sehr ernst und kompetent beantwortet haben.

Auch bedanken möchte ich mich bei **Volker Weihbold** und **Alex List**, die mich so ins Bild gerückt haben, dass ich wirklich relativ gut und nicht verrückt ausschaue.

Danke meinem Freund **Norbert Peter**, der ein schönes, lustiges und geniales Vorwort geschrieben hat, und von dem ich immer wieder große Unterstützung bekomme.

Bei **Ernst Aigner**, meinem Freund und Kabarettkollegen, möchte ich mich auch bedanken. Er hat viele meiner Sprüche lektoriert und so formuliert, dass man sie auch versteht.

Danke an die Wiener **Lektorinnen**, die sich mit meiner oberösterreichischen Mundart herumschlagen mussten.

Danke **Georg Hoanzl** und **Barbara Schöber** für die Pressearbeit. Danke auch an **Sonja Gratzer** und **Reinhard Kalupa**.

Und ich möchte mich auch bei meinem leider schon verstorbenen Freund und dem Verleger meiner ersten Bücher, **Dietmar Ehrenreich**, bedanken. Er hat mich damals 2010 dazu ermutigt, zu schreiben, und immer wieder aufmunternde Worte für mich gefunden.

Ich möchte mich auch bei den vielen Menschen bedanken, die mich durch ihr Verhalten inspiriert haben, meine Gedanken in dieser Form niederzuschreiben.

Danke auch meinem Laptop, dass er nicht abgestürzt ist und die gespeicherten Daten gespeichert hat.

Danke an die Schwerkraft. Ohne sie hätte ich gar nichts schreiben können.

Danke an meinen Schreibtischsessel. Er hat mich ausgehalten und dadurch ebenfalls sehr unterstützt.

Jetzt schon Danke an alle, die dieses Buch kaufen und lesen.

Aber zum Abschluss möchte ich mich bei mir bedanken, dass ich mich immer wieder motivieren kann, in Zeiten wie diesen – was die Einstellung betrifft – positiv zu bleiben. Danke **Günther**, dass du dieses Buch geschrieben hast.

Doch ganz zum Schluss ein besonderes Danke in Form eines kleinen Gedichtes:

danke
leben!

einfach
so!

Günther Lainer wurde am 1. Mai 1969 geboren. Somit hat er am selben Tag wie Andreas Vitásek und Klaus Eckel Geburtstag. Der gelernte Tischler und Pastoralassistent aus Linz ist als Gast der ORF-Show *„Was gibt es Neues?"* und der Puls 4-Show *„Bist du deppert!"* bekannt. Dabei steht er seit 1993 als Kleinkünstler und Schauspieler auf der Bühne. Er hat als Literat der Gruppe *„Anonyme Freunde"* begonnen, ist danach als Comedy-Jongleur Gausl und CliniClown aufgetreten, und blickt heute auf mehrere Literatur- und Kabarettpreise, publizierte Bücher, TV- und Kinoauftritte und 16 Kabarettprogramme zurück. Zuletzt sorgte er als Graf Paris in Michael Niavaranis *Romeo & Julia – Ohne Tod kein Happy End* im Globe Wien für Lacher.

www.guentherlainer.at

SCHULTZ & SCHIRM